AF312372

VENTE

du

Samedi 25 Mai 1901

HOTEL DROUOT (Salle n° 6)

à 3 heures

Tableaux Anciens

PASTELS, GOUACHES, DESSINS ET MINIATURES

Commissaire-Priseur,

Me Paul CHEVALLIER.

Peintre-Expert,

Mr Georges SORTAIS.

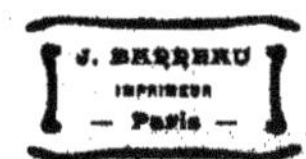
J. BARBEAU
IMPRIMEUR
— Paris —

CATALOGUE

de la Vente

DU SAMEDI 25 MAI 1901, A 3 HEURES

HOTEL DROUOT (SALLE N° 6)

TABLEAUX ANCIENS

PASTELS, GOUACHES ET DESSINS MINIATURES

des Écoles Anglaise, Allemande, Française du XVIIIe siècle et Hollandaise

PAR

BOUCHER, CHARLIER, DROUAIS, GÉRARD,

Mlle GRASSY, GREUZE, GUÉRIN (J.), INGRES (J.), PERRONNEAU,

RAOUX, ROBERT TOURNIÈRES, DE TROY, WATTEAU (LOUIS)

ET VERNET (CARLE).

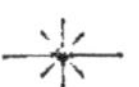

EXPOSITION PUBLIQUE

Le Vendredi 24 Mai 1901

de 1 heure 1/2 à 6 heures

Me Paul CHEVALLIER	**Mr Georges SORTAIS**
COMMISSAIRE-PRISEUR	PEINTRE-EXPERT
10, Rue de la Grange-Batelière, 10	1, Rue de Mogador, 1

PARIS — 1901

CONDITIONS DE LA VENTE

Elle sera faite au comptant.

Les acquéreurs paieront, en sus des adjudications, **dix centimes par franc**.

Aucune réclamation ne sera admise une fois l'adjudication prononcée.

TABLEAUX ANCIENS

AELST (Van)

1. — Pièce d'orfèvrerie, plat d'étain, prunes, raisins et pêches posés
sur une table.

Bois

Cadre bois sculpté.

H. 0m40, L. 0m33

BEECHEY (Sir)

2. — Jeune Femme en prière.

Toile ovale.

H. 0m73, L. 0m58.

BOSSCHAERT (Jean-Baptiste)

3. — Paon et oiseau picotant un bouquet de fleurs s'échappant d'une
corbeille posée sur un tapis rouge.

Toile : H. 0m68, L. 1m.

4. — Singe et Écureuil jouant autour d'une corbeille posée sur un
tapis.

Toile : H. 0m68, L. 1m.

Deux pendants.

BRAMER (Léonard)

Né à Delft (1596)

5. — Laissez venir à moi les petits enfants.

Le Christ est apparu devant le Temple, des familles sont accou-
rues écouter la parole de l'Homme-Dieu. à l'arrière-plan, un village,
de gros nuages noirs obscurcissent le ciel.

Bois, H. 0m70, L. 0m98.

Cadre Louis XIV en bois sculpté.

CANOT

6. — **Les souhaits de bonne année.**

> Une mère a vêtu ses enfants de leurs plus beaux atours, ils vien-
> nent apporter leurs souhaits à leur grand-père assis devant une table
> où le café est servi; derrière, dans la cheminée, l'âtre pétille.
>
> *Signé et daté à droite sur l'écran.*
>
> Cadre Louis XVI, bois sculpté.

DEMACHY (?)

7. — **Les Monuments de Paris.**

> Vue prise de la Seine à l'entrée des Champs-Élysées.
>
> L'artiste y a groupé tous les monuments les plus importants du
> vieux Paris au XVIIIe siècle.

DROUAIS (HUBERT)

Né à La Roque (Eure), mort en 1767,

8. — **Portrait de M. de Beaujon, Fermier Général et Conseiller d'État.**

> Vu presque de face tourné vers la droite, il porte la perruque pou-
> drée, il est vêtu d'un habit en velours gris à boutons d'or surmonté
> d'un jabot de dentelle fine.
>
> Toile : Diamètre 0^m56.

ÉCOLE FRANÇAISE XVIIIe SIÈCLE

9. — **Tête de Femme.**

> Les cheveux poudrés, la tête gracieusement appuyée sur la main
> gauche.
>
> *Cette peinture rappelle Vestier.*
>
> H. 0^m44, L. 0^m34

ÉCOLE FRANÇAISE XVIIIᵉ SIÈCLE

10. — Portrait de Femme.

Vue de face et vêtue d'un corsage de soie bleu à revers d'hermine.
Cadre bois sculpté.

FICTOR (JEAN)

Né à Amsterdam 1650

11. — Les Musiciens ambulants.

Devant une chaumière, à l'entrée du village, une famille de Bohé-
miens chante et joue ; derrière, dans la chaumière, deux paysans les
écoutent. Au loin, à l'arrière-plan, une église et des chaumières.

Bois.

H, 0ᵐ60, L. 0ᵐ80

GÉRARD (M#### Marguerite)

Née en 1761

12. — Le prélude d'un concert.

Une jeune et jolie blonde vêtue de satin blanc, le corsage décolleté
est assise sur un sopha devant une table recouverte d'un tapis à fond
rouge, un chat ronronne sur les feuillets d'un cahier de musique ; au
premier plan, à droite, un petit chien épagneul regarde sa maîtresse ;
à l'arrière-plan, une femme tient une guitare.

Toile : H. 0m57, L. 0m47.

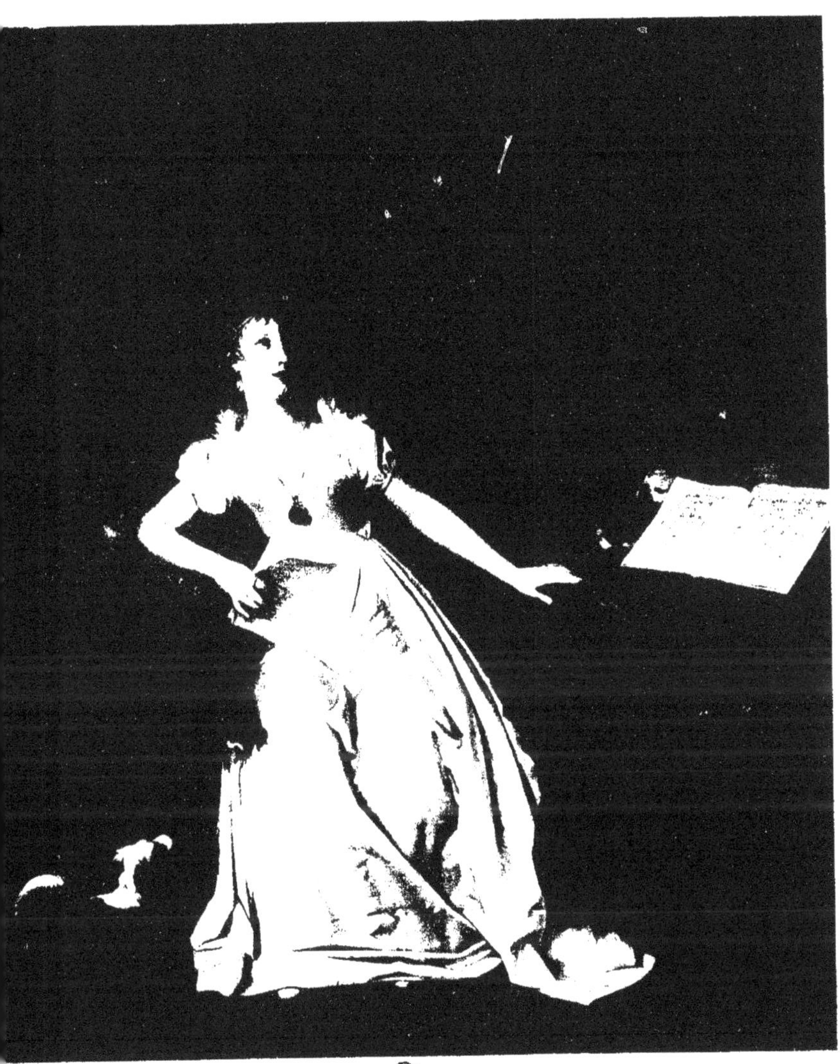

12

Phototypie Berthaud, Paris.

GRASSY (JOSEPH)

Né à Udine 1768

13. — Portrait de la Marquise de Llano, dite la divine Manchese, ambassadrice d'Espagne près de la Cour de Vienne.

Elle est vue de trois-quarts vers la gauche, la chevelure légèrement poudrée, vêtue d'un corsage de soie vert, une écharpe de gaze croisée sur sa poitrine ; derrière, à droite, un vase ; dans le lointain, un paysage.

Signé et daté à droite sur l'entablement du vase

Cadre Louis XVI, bois sculpté.

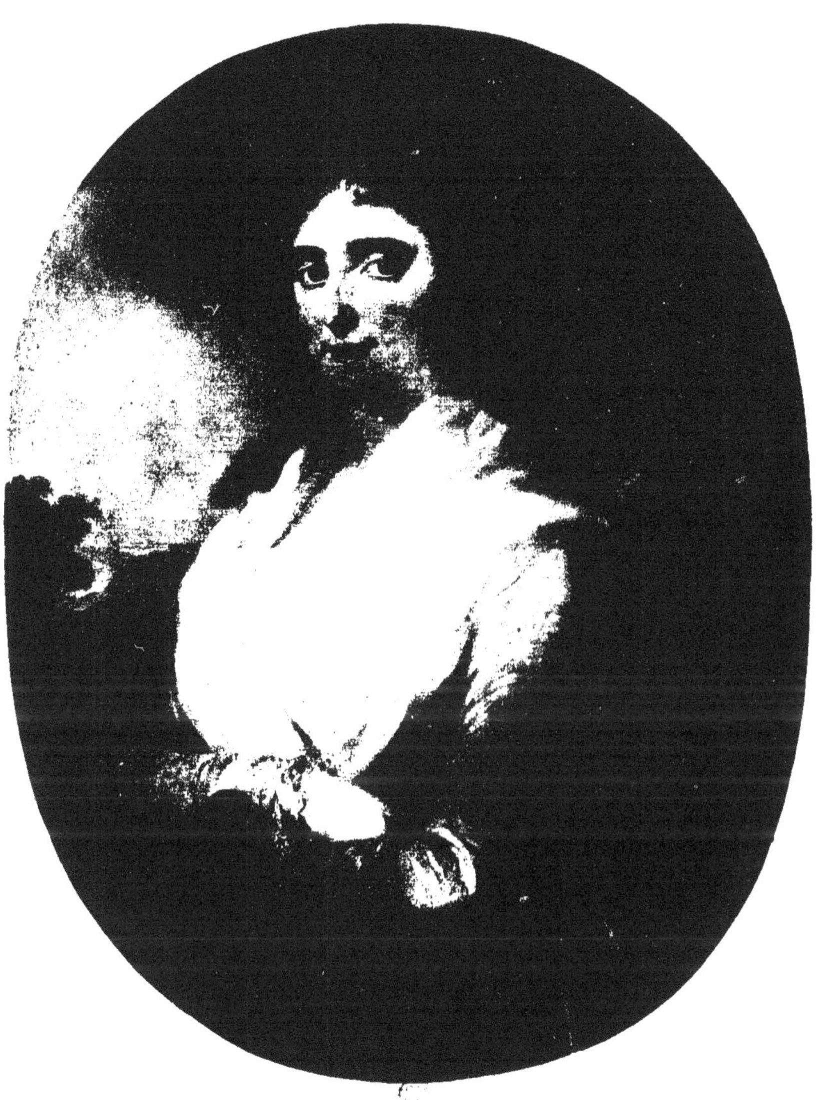

13

KNELLER GODFROY (1646-1723)

14. —- Portrait de gentilhomme anglais.

Il porte une grande perruque Louis XIV légèrement poudrée et est
revêtu d'un habit rose, enveloppé dans un manteau de velours bleu
duquel il retient les plis dans la main gauche.

Toile ovale.　　　　　　　　　　　　H. 0m95. L. 0m72.

Cadre Louis XIV, bois sculpté.

LANCRET (NICOLAS, genre de)

15. — Fragment d'un ballet.

Toile : H. 0m56. L. 0m73.

Cadre Louis XIV, bois sculpté.

LERICHE

**16. —- Bouquet de roses, tulipes, œillets et giroflées s'échappant d'un
vase de marbre monté en bronze et posé sur un entablement
de pierre.**

Toile : H. 0m60, L. 0m80.

LUCATELLI (ANDRÉ)
Mort en 1741.

17. — Réunion de villageois attablés près d'une tour.

18. —- Réunion de villageois attablés, mangeant et buvant.

Deux pendants.

H. 0m44, L. 0m36.

MEULEN (ADRIEN-FRANÇOIS VAN DER)
Né à Bruxelles, 1632.

19. — Prise et bombardement d'une ville.

H. 0m43, L. 0m60

NATTIER (École de J. M.)

20. — Portrait de Femme.

> Presque de face, à gauche ; elle porte un corsage de soie bleu
> décolleté.
> Cadre bois sculpté.

PILLEMENT (JEAN)
Né à Lyon 1727-1808.

21. — Bestiaux se désaltérant à la rivière, conduits par une bergère.
21bis — Villageois réunis sur un rocher au bord de la rivière.

> *Deux peintures sur tôle.*

H. 0m30, L. 0m42·

POELEMBURG (CORNEILLE)

22. — Nymphes et Satyres dans un paysage.

> *Peinture sur cuivre.*

H. 0m25, L. 0m25.

Ancienne Collection Pouyer-Quertier.

RAEBURN (Sir Henry)

Né à Stockbridge 1746-1823.

23. — Portrait de M. Frye, propriétaire de l'île Montferrat, aux Antilles.

Il est vu de face, la tête légèrement tournée à droite, il porte une perruque à marteau poudrée et est vêtu d'un habit vert cendré d'où s'échappe un jabot de dentelle.

Robuste peinture très grassement brossée.

Toile : H. 0m80. L. 0m66.

RAEBURN (sir HENRI)

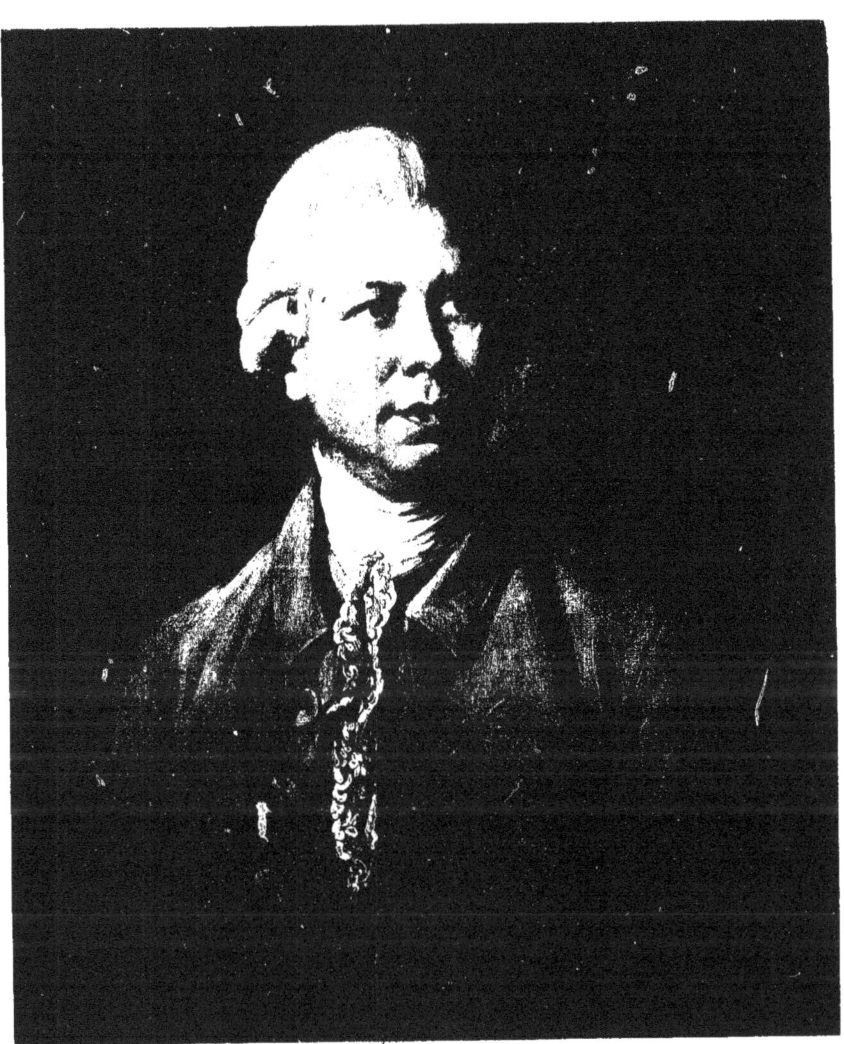

23

RAOUX (Jean)

Né en 1667 mort en 1734

24. — L'Air.

Dans un intérieur bourgeois, des enfants se sont amusés à construire un château de cartes, quand, tout à coup, un jeune intrus pénètre par surprise dans la chambre s'efforçant de renverser le château en soufflant dessus.

Ce tableau provient du château de Saint-Franbourg, au Petit-Ivry, qui était la propriété de Mesdames, sœurs de Louis XV.

Toile : H. 0m61, L 0m94.

ROBERT (Hubert)

25. — Une Femme et ses enfants éclairés par une crevasse dans des rochers.

H. 0m28, L. 0m43.

TPULDEN (Van)

Né à Bois-le-Duc, 1606-1676 (?)

26. — Diane surprise par Actéon.

Au pied de la fontaine de Jouvence où Diane et ses compagnes viennent de se baigner effrayées par les regards indiscrets d'Actéon qui vient de les surprendre.

Toile : H. 1m33, L. 2m.

TOURNIÈRES-LEVRAC (dit ROBERT)

27. — La Maison d'Auteuil.

Dans la salle à manger de la maison d'Auteuil, au premier plan, à droite, Boulin, médecin, s'avance vers Crébillon, poète et Dufresny, acteur de la Comédie Française, et se livre à une dissertation littéraire, semble, par son geste démonstratif, discuter la mise en scène d'une pièce de Molière, une servante emporte les reliefs d'un repas et va disparaitre par la porte du fond.

Cadre Louis XV en bois sculpté.

H. 0ᵐ68. L. 0ᵐ81.

A figuré à l'Exposition rétrospective de la Ville de Paris (Exposition Universelle de 1900).

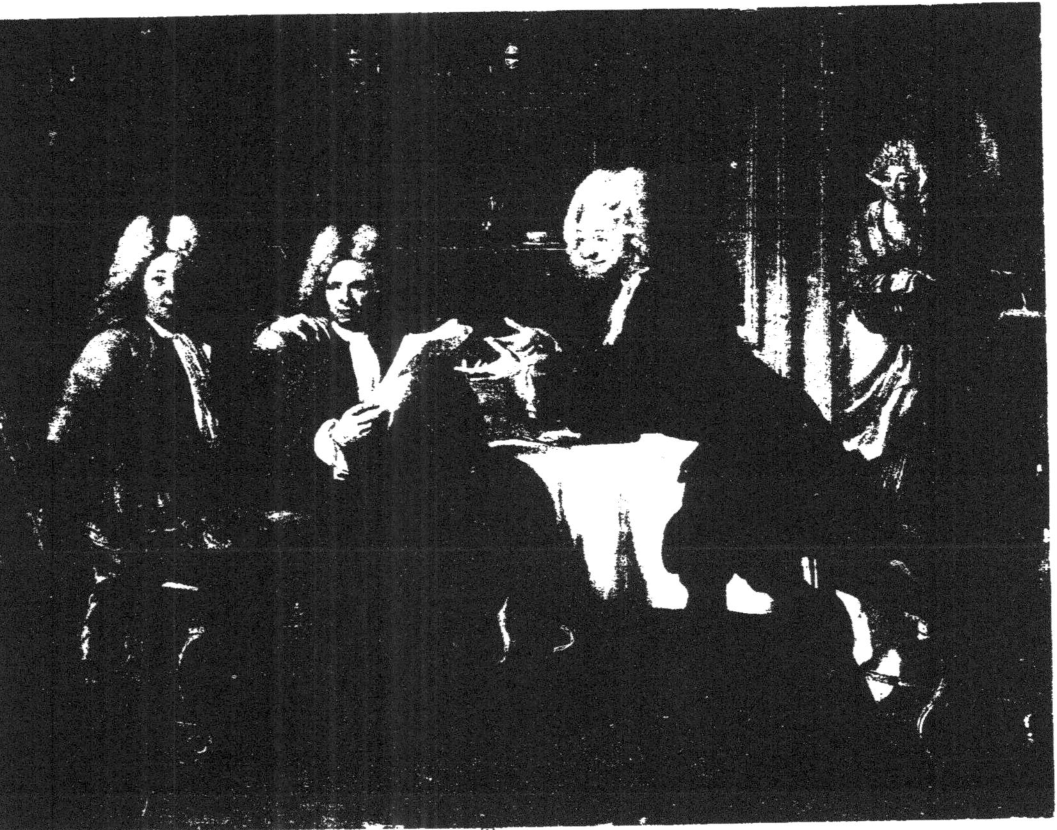

Phototypie Berthaud, Paris

TROY (François de)
Né à Toulouse, 1654-1730

28. — Portrait d'artiste.

Vu de face, il porte la tête haute, coiffé d'une perruque poudrée, le col ouvert d'où s'échappe un ruban rouge, il porte aussi un habit de soie gris galonné d'or ; l'épaule gauche est couverte d'un grand manteau.

Toile : H. 0m75, L. 0m60.

VERNET (Joseph)

29. — Des Pêcheurs parmi les rochers lèvent des nasses qu'ils apportent à leurs compagnes.

Toile : H. 0m38, L. 0m45.

Ancienne Collection Pouyer-Quertier.

WATTEAU (Louis-Joseph)

Né à Valenciennes, 1731 - 1798.

30. — Les plaisirs de l'été.

Au premier plan, à gauche, un jeune couple de citadins, l'homme debout, la femme assise, se livrent aux plaisirs de la pêche, au bord d'une petite rivière. Au centre, un couple de villageois cause à l'ombre de gros arbres, derrière le talus, une fermière montée sur un cheval vient chercher ses troupeaux.

Toile : H. 0m05. L. 1m10

31. — La rentrée à la ferme.

Un riche fermier monté sur un cheval blanc rentre du labour, et aidé de ses domestiques, fait rentrer un troupeau de vaches et de moutons au bercail.

Au loin des moulins et une ville.

Toile : H. 0m55. L. 1m10

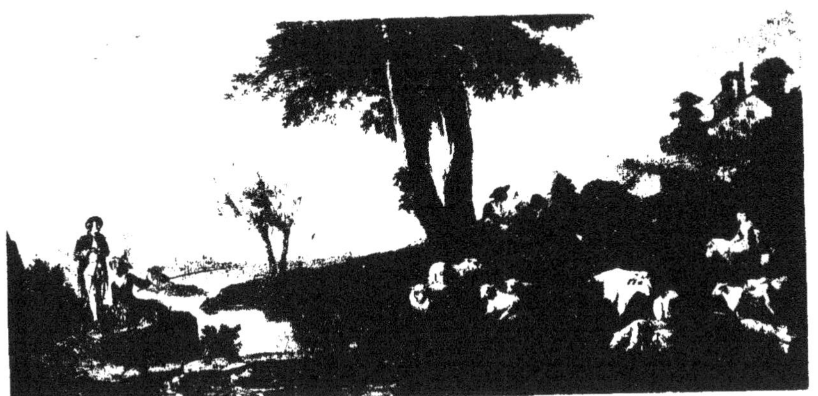

30

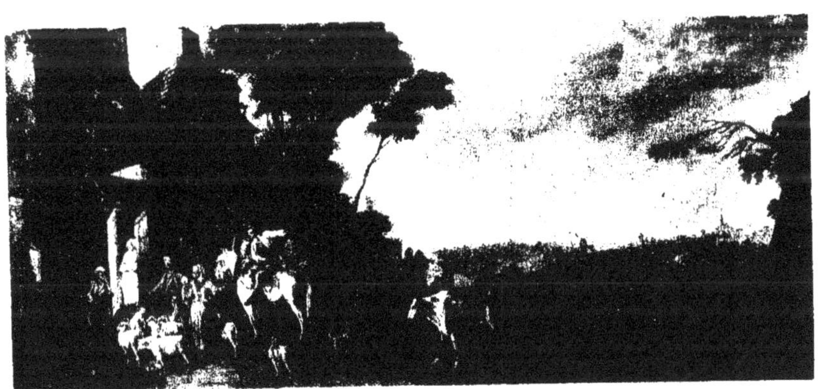

31

BOUCHER (François)

Né à Paris, 1703-1770

32. — Tête de jeune Femme.
Dessin aux trois crayons.

Signé au bas.

CASANOVA

33. — Cavaliers franchissant un talus.
Officier de dragons donnant des ordres.
Deux pendants à la sépia.

CHARLIER (Jacques)

34. — Vénus assise au pied de grands arbres que baigne un cours d'eau.
Gouache.

Diamètre : 0m28

GREUZE (Jean-Baptiste)

Né à Tournus, 1725-1806

35 — La prière du matin.

Dans un intérieur d'artisans, une jeune fille est agenouillée, les mains jointes, au pied d'un lit, elle est vêtue d'une robe de mousseline blanche enveloppée de gaze noire, elle semble implorer la protection divine.

Pastel.

H. 0m60. L. 0m52

GREUZE (Jean-Baptiste)

36. — Une Source.

Dessin à la sanguine.

GUÉRIN (Jean)

37. — Portrait du miniaturiste Jean Guérin et de son frère Christophe.

Belle miniature sur vélin.

GUÉRIN (Jean)
Né à Strasbourg, 1760-1836

38. — Portrait présumé de Mademoiselle Erard.

Miniature sur vélin.

38*bis* — Portrait du Comte-Roy.

Miniature sur vélin.

GUÉRIN (JEAN)

Né à Strasbourg, 1760-1836

39. — Musiciens ambulants donnant un concert dans un cabaret en
Alsace.

Époque Louis XVI.

Paysans Alsaciens dansant aux sons d'un orchestre dans un
bal de campagne.

Époque Louis XVI.

Deux dessins à la sépia brûlée.

(HUET JEAN-BAPTISTE)

. — Coqs et Poules dans un paysage.

Gouache ovale.

INGRES (Jean-Auguste-Dominique)

41. — *Tu Marcellus eris.*

Ce dessin, rehaussé d'aquarelle, formait le sujet principal d'un tableau qu'Ingres exécuta et qui fut perdu dans un naufrage.

Ancienne collection de M. de Reiset, ancien directeur des musées de France.

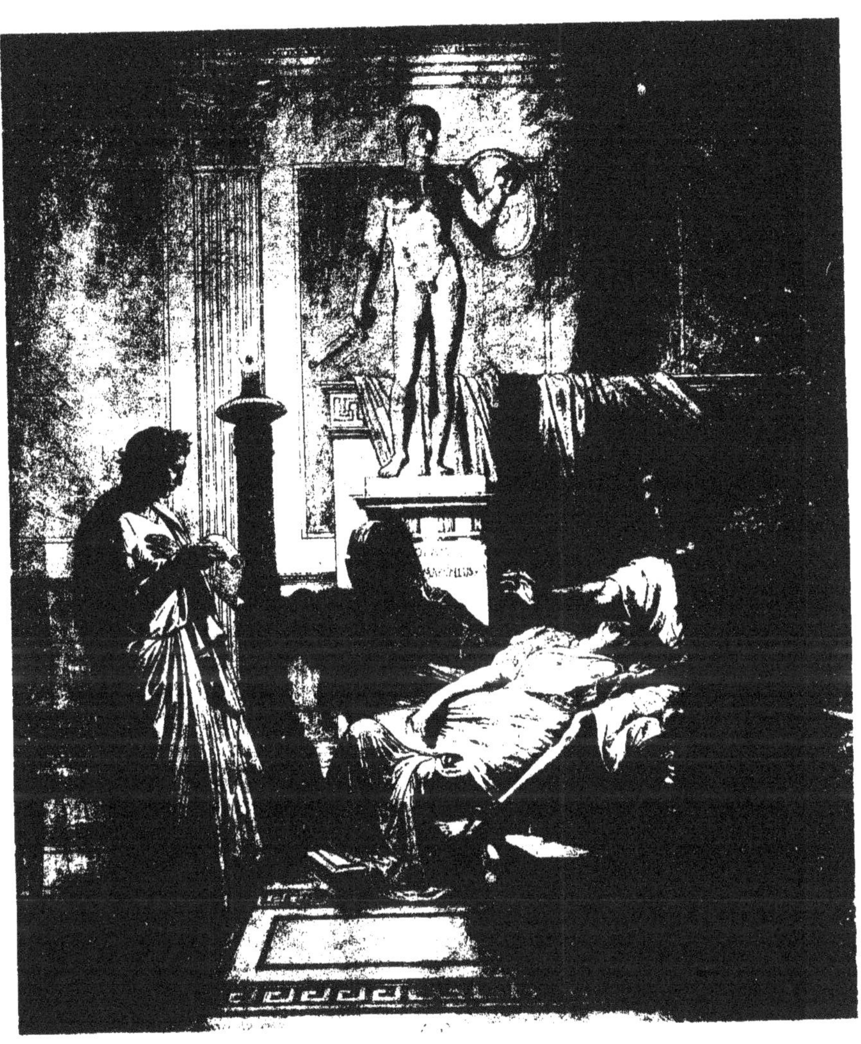

MOREAU (Louis)

42. — Les environs de Versailles.

Gouache signée sur une caisse de fleurs.

MUNERET

43. — Portrait d'un officier à la demi-solde fumant la pipe.

Miniature sur vélin.

Signé et daté 1814.

PERRONNEAU (Jean-Baptiste)
Né à Paris, 1715-1783.

44. — Portrait de petite fille.

Elle est représentée de face, les cheveux sur les épaules retenus par un ruban rose, elle porte un corsage lilas décolleté et ceint d'une écharpe rose.

Très délicate peinture au pastel.

Signé et daté en haut à droite.

Cadre bois sculpté.

H. 0^m45. L. 0^m37.

44

PERRONNEAU (Jean-Baptiste)

45. — Portrait du Baron P. de L., officier de la Maison du maréchal
de Belle-Isle.

Vu en buste, tourné de trois quarts vers la gauche, la tête presque
de face, il est vêtu d'un habit bleu galonné d'or, le chapeau sous le
bras.

Peinture au pastel,

Cadre en bois sculpté.

H. 0m63. L. 0m57.

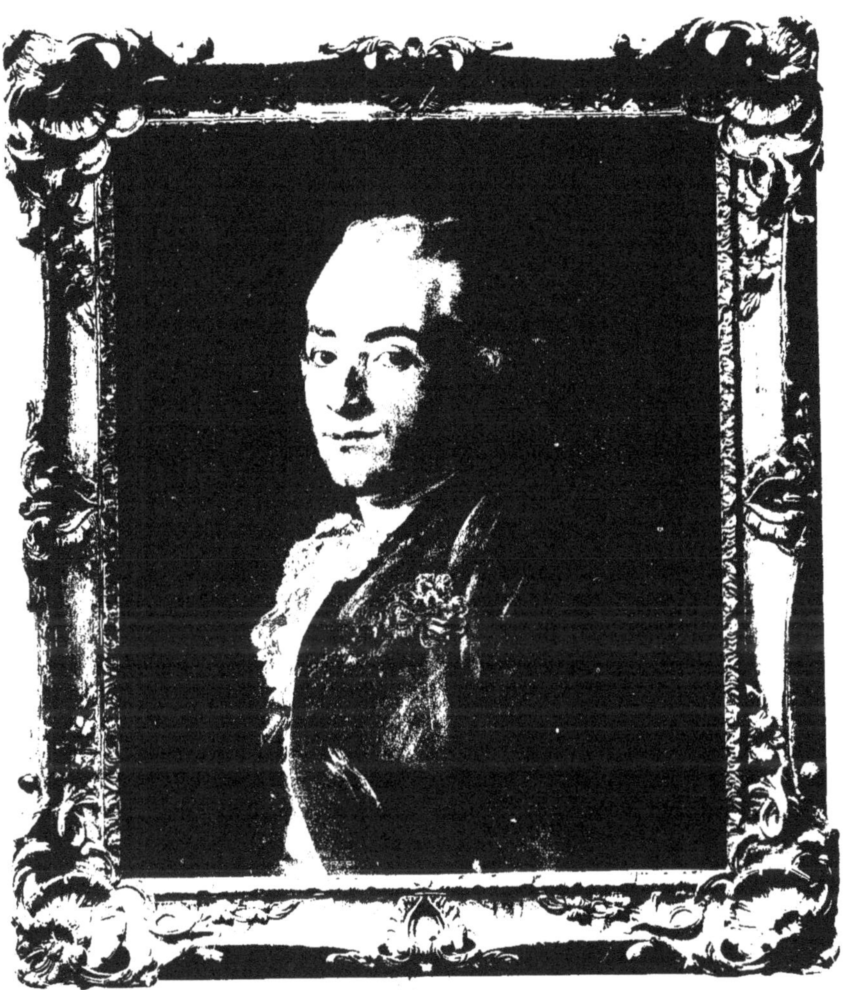

45

PANINI (Jean-Paul)

Né à Plaisance. 1694-1765.

46. — Réunion de personnages au milieu d'un palais romain en ruine.
Pendant du précédent.

Deux gouaches.

H. 0m50. L. 0m65.

ROBERT (HUBERT)

47. — Lavandières près d'un cours d'eau à l'ombre de grands arbres.

Signé et portant l'inscription : d'après nature, à Charenton.

Deux dessins à la sépia.

H. 0m43, L. 0m36.

47bis — Femmes et enfants jouant dans un parc.

Deux dessins à la sépia.

H. 0m48. L. 0m36.

TISCHBEIN (JEAN-HENRI-GUILLAUME)
1731-1829

48. — Portrait de Louise-Henriette de Wurtemben.

Le corps de profil vers la gauche, la tête presque de face; elle est vêtue d'un corsage mi-décolleté, une gaze de même couleur enveloppe sa chevelure poudrée retombant sur ses épaules.

Pastel ovale : H. 0m30. L. 0m27.

49. — Portrait de Charlotte-Amélie de Saxe Mémingers.

Elle est représentée de trois quarts vers la droite et porte un corsage de soie grise décolleté, de sa chevelure poudrée s'échappe une gaze blanche retombant sur les épaules.

Pastel d'une exécution très précieuse.

Cadre bois sculpté.

H. 0m36, L. 0m24.

VERNET (Carle)

Né à Bordeaux, 1753-1836

50. — Attaque de Granville.

Prise de Mayence.

Attaque de Nantes.

Trois dessins à la sépia.

Seront divisés.

VIGÉE (Louis)

51. — Portrait d'homme à perruque poudrée et vêtu d'un habit de velours noir à galon d'or.

Pastel.

WATTEAU (Louis-Joseph)

52. — Bergers et bergères gardant leurs troupeaux dans un bas-fond de ville fortifiée.

Dessin à la pierre noire rehaussé de blanc.